Du CP au CE1

6-7 ans

Le voleur invisible

Michèle Bayar
écrivain

Bénédicte Colin
professeure spécialisée des écoles

Illustré par
Laurent Lalo

Nathan

Présentation

→ Je lis un récit plein de suspense.

→ En faisant les exercices (français, mathématiques, découverte du monde), je découvre l'indice qui me permet d'avancer dans l'histoire et de résoudre l'énigme.

→ Je vérifie ma réponse en continuant ma lecture : l'indice est en couleur dans le chapitre suivant.

→ Je consulte le mémo (page 33) : il m'explique la notion abordée dans l'exercice.

Sommaire

Édition : Anne-Sophie Pawlas
Maquette de couverture : Team créatif
Maquette intérieure : Julie Lannes
Composition : Céline Julien

1

Des bijoux disparaissent

La famille arrive sur son lieu de vacances ; c'est une ferme. La dame qui les accueille s'appelle madame Lemiel. Bizarrement, elle a les yeux rouges comme si elle avait pleuré. Maman lui demande :

– Avez-vous un souci ?

– On m'a volé ma broche en argent.

Monsieur Lemiel dit :

– Mais non, on ne t'a pas volé ta broche. Tu l'as perdue.

Puis il aide papa à décharger les bagages. Monsieur Lemiel affirme :

– Il n'y a pas de voleur par ici !

Madame Lemiel renifle sans dire un mot.

Taty Nanne défait ses trois valises et son sac. Lulu Lemiel, le fils des fermiers, fait visiter la ferme à Tim et Mina. Il leur montre les jeux, la mare aux canards, les poules, et il les emmène à l'écurie. Mina caresse un petit cheval à la crinière blonde. C'est un poney. Elle aimerait monter sur ce poney.

Soudain, les enfants entendent Taty Nanne crier :

– Au voleur ! Ma bague de cristal a disparu !

Tim et Mina courent vers la ferme. Dans le couloir, madame Lemiel dit à son mari :

– Tu vois, ça recommence ! Il y a un voleur, j'en suis sûre.

Quel bijou de Taty Nanne a disparu ?

Pour le trouver, aide-toi de ces 3 indices.

mémo 1

INDICE n° 1

Le bijou qui a disparu est le seul mot dans lequel tu entends le son [a] :

Une montre, un collier, une bague.

C'est la ....

mémo 10

INDICE n° 2

Colorie les cases Vrai ou Faux et note chaque lettre.

	Vrai	Faux
13 + 23 = 36	b	p
17 + 32 = 59	e	a
15 + 41 = 55	r	g
46 + 34 = 80	u	l
40 + 40 = 90	o	e

C'est la ....

mémo 2

INDICE n° 3

Trouve le mot puis la syllabe demandée.

Première syllabe : ....

Dernière syllabe : ....

Le bijou qui a disparu est une

2

Tim et Mina enquêtent

Taty Nanne est en colère. Sa bague était sur la table de nuit, elle en est certaine.
Elle porte beaucoup de bijoux et change de vêtements trois fois par jour. Ses affaires sont déjà éparpillées dans sa chambre, mais elle ne perd jamais rien. Elle dit :
– On m'a volé ma bague.

Monsieur Lemiel répète :

– Il n'y a pas de voleur ici !

Tim regarde par la fenêtre. Il appelle Mina :

– Regarde ! Lulu Lemiel file vers la grange. Que cache-t-il derrière son dos ?

Mina répond :

– La bague de Taty ! Allons voir.

Dans la grange, Lulu est assis sur une botte de paille. Il a un objet métallique entre les mains. Quand il voit les jumeaux, il le fait disparaître.

Tim lui dit :

– Je t'ai vu. Tu as caché la bague !

– Quelle bague ? demande Lulu, étonné.

Lulu montre ce qu'il cache derrière son dos : une PlayStation minuscule ! Il dit :

– Elle est à moi, mais maman m'interdit d'y jouer. Voilà pourquoi je me cache.

– Alors, qui a pris la bague ? demande Mina.

Lulu dit :

– Je ne sais pas. Il n'y a pas de voleur ici.

Mina a une idée :

– Quelqu'un a peut-être vu le voleur ? Faisons une enquête.

Lulu Lemiel est d'accord :

– Oui, allons interroger les voisins.

Il selle son cheval et deux poneys pour les enfants. Les voilà partis.

Par qui l'enquête va-t-elle commencer ?

Pour le savoir, aide-toi de ces 3 indices.

mémo 2

INDICE n° 1

Son métier est un mot de deux syllabes :
couturier, boulanger, horloger, berger, charcutier.

C'est le ....

mémo 8 mémo 9

INDICE n° 2

Range les nombres du plus petit au plus grand.

G	E	R	E	R	B
20	25	15	10	30	5

C'est le ....

mémo 14

INDICE n° 3

« Je fais du fromage. Je peux avoir un chien. J'élève des moutons et des chèvres. Je vis à la campagne ou à la montagne. Qui suis-je ? »

Entoure la bonne réponse :

un boucher | un bijoutier | un potier | un berger

L'enquête commence par le

3

Qui est le voleur ?

Dans le pré, il y a un arbre. Sous l'arbre, il y a un homme. Cet homme c'est Sam, le berger. Les enfants lui demandent s'il a vu passer quelqu'un. Il répond sèchement :

– Non. Allez-vous-en !

Il garde les mains au fond de ses larges poches. Et si c'était lui, le voleur ?

Lulu insiste : il demande au berger de vider ses poches. Il en tombe une ficelle, une boîte d'allumettes, une clochette de cuivre, un mouchoir, une lampe de poche. C'est tout. Pas de bague ni de broche !
Sam le berger dit :
– Il n'y a pas de voleur ici.

Les enfants rendent visite à monsieur et madame Alapêche. Ce sont les voisins. Le vieux couple se repose dans le salon.

Mina remarque les jolies boîtes sur les meubles. Il y en a de toutes sortes : des petites, des grandes, des longues, des carrées, on se croirait dans un magasin !

Lulu annonce qu'il y a eu deux vols chez eux.
Madame Alapêche dit :
– C'est impossible ! Il n'y a pas de voleur ici !
Elle n'a vu personne. Elle offre aux enfants un verre de lait frais.
Ils le boivent, remercient la vieille dame et s'en vont.

Sur le chemin du retour, Mina dit :

– Vous avez vu ces boîtes sur le buffet de madame Alapêche ? Et si elle cachait les bijoux volés dedans ? Et si c'était elle la voleuse ?

Tim répond :

– Non, c'est impossible. Elle ne peut plus se déplacer sans sa canne.

Hélas ! Un bijou va être volé. Lequel ?

Pour le trouver, aide-toi de ces 3 indices.

mémo 15

INDICE n° 1

Ce bijou se porte au cou.

C'est un ....

mémo 11

INDICE n° 2

Écris les lettres dans l'ordre.

C'est un 

INDICE n° 3

Déchiffre ce rébus.

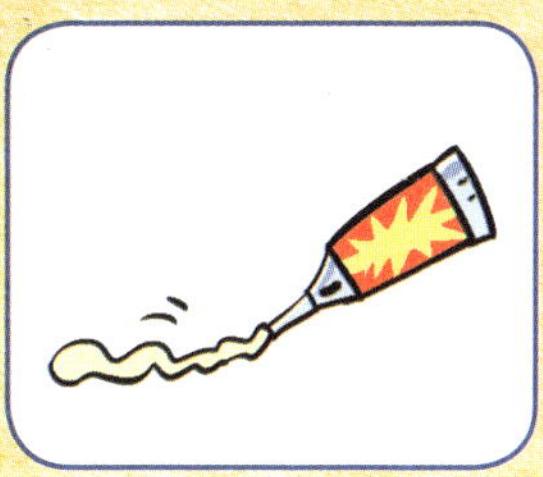

é

....

Le bijou qui va être volé est un

4

Encore un bijou envolé !

Les enfants reviennent chez les Lemiel.

Là, ils entendent un cri. C'est maman :

– On m'a volé mon collier de perles !

Tim et Mina sont stupéfaits. Ils n'ont croisé personne sur le chemin et il n'y a personne à part eux et leurs parents à la ferme. Monsieur Lemiel appelle les gendarmes.

Taty Nanne veut s'en aller. Elle ne restera pas dans une ferme visitée par un voleur. Elle remet ses affaires dans ses valises.
Un moment plus tard, les gendarmes arrivent. Ils découvrent des traces de pas sous les fenêtres des chambres. Le voleur portait des semelles épaisses avec des dessins en zig-zag.

Les chaussures de monsieur Lemiel ont justement des semelles comme ça ! Tim et Mina sont très surpris : ce serait donc lui, le voleur ? Mais monsieur Lemiel s'explique : ce matin, il a réparé le volet qui fermait mal. Voilà pourquoi on trouve ses traces ! Les gendarmes fouillent tout de même la maison.

Les gendarmes ne retrouvent nulle part les bijoux volés. Monsieur Lemiel n'est donc pas le voleur. Mais alors, qui est ce voleur invisible ?

– Le seul moyen de le savoir, c'est de lui tendre un piège, dit Tim.

Mina est d'accord. Cependant, elle demande :

– Comment piéger un voleur invisible ?

Ce soir-là, dans la chambre, Tim explique son plan à sa sœur. Ils vont tendre un piège au voleur invisible. Pour cela, il leur faut un bijou et un appareil photo. Ils déposeront le bijou bien en vue sur la fenêtre et ils se cacheront pour épier le voleur.

– Je sais qui va nous aider ! dit Tim.

Qui va aider Mina et Tim ?

Pour le trouver, aide-toi de ces 3 indices.

INDICE n° 1

mémo 4 mémo 5

Remets les mots de la phrase dans l'ordre.

Taty	va	et	Nanne	Mina	Tim.	aider

....

INDICE n° 2

mémo 12 mémo 13

La personne qui va aider est entre papa et maman. Elle est juste devant papa.

C'est ....

INDICE n° 3

mémo 13

Pour vérifier ta réponse, entoure la phrase juste.

La sœur de mon père ou de ma mère est ma tante, ma tata ou ma taty.

La fille de mon oncle et de ma tante est ma taty.

Celle qui aide les enfants est

5

On voit le voleur invisible

Le lendemain matin, Tim et Mina se lèvent au chant du coq. Ils ouvrent grands les volets de leur chambre et posent un bracelet de Taty Nanne bien en vue sur la fenêtre. Le bijou brille au soleil comme s'il était en diamant. Au même moment, Taty Nanne ouvre un œil. Elle se dépêche de se lever. Vite, on l'attend.

Tim et Mina sortent dans la cour et se cachent derrière un massif d'hortensias. Ils peuvent voir la maison sans être vus. Taty Nanne les rejoint, bientôt suivie de Lulu. Dans la cuisine, madame Lemiel prépare le petit déjeuner. Elle sort d'un panier des œufs tout frais qu'elle a ramassés dans le poulailler.

Madame Lemiel pose les bols sur la table et se penche à la fenêtre pour appeler son mari. Elle voit le bracelet qui brille sur la fenêtre voisine et dit :

– Oh ! Ce bracelet. Les enfants devraient le ranger ! Et si le voleur revenait ? Tim, Mina !

Les enfants ne répondent pas.

Un oiseau noir à queue blanche vient de se poser sur la fenêtre. Surprise ! Il prend le bracelet dans son bec, clac ! Il s'envole avec le bijou. Taty Nanne le vise avec son appareil photo : clic ! Le voleur est pris en photo avec le bracelet dans le bec ! Tim le suit des yeux :

– Regardez, il se pose sur le peuplier.

Lulu Lemiel voit un nid d'oiseau en haut de l'arbre. Il appuie l'échelle contre le tronc, grimpe et met la main dans le nid. Il crie :

– Hourra ! Tous les bijoux sont là !

Tout y est ! La bague et le bracelet de Taty Nanne, le collier de maman et la broche de madame Lemiel.

Qui a finalement volé le bijou ?

Pour le trouver, aide-toi de ces 3 indices.

mémo 3

INDICE n° 1

Écris la lettre finale de chaque mot. Le nom du voleur se termine par -e.

la souri. . – le cha. . – le crapau. . – le lou. . – la pi. .

C'est la ....

mémo 6 mémo 7

INDICE n° 2

Colorie les lettres des bonnes réponses.

41, c'est 4 dizaines et 1 unité.	P
35, c'est 5 dizaines et 3 unités.	B
23, c'est 2 dizaines et 3 unités.	I
52, c'est 5 dizaines.	S
15, c'est 1 dizaine et 5 unités.	E

C'est la ....

mémo 16

INDICE n° 3

Je suis un oiseau à plumage noir et blanc.
Je ne mange pas de poissons.
J'ai une longue queue. Je ne cours pas, je vole.

La voleuse de cette histoire, c'est la

Tout le monde est heureux… sauf le voleur, ou plutôt la voleuse. C'est une pie ! Les pies aiment ce qui brille.

Taty Nanne fouille dans son sac et trouve une vieille bague en faux or. Elle dit :

– Je ne l'aime plus, offrons-la à la pie, pour décorer son nid !

Mémo

Pour t'aider à faire tes exercices

Français

Maths

Découverte du monde

Lecture

1 Les sons

Un son est ce qu'on entend.

- Pour reconnaître un son, dans un mot, prononce-le à voix haute.

Exemple :
Dans le mot animal, tu entends 2 fois le son [a].
Dans le mot table, tu entends 1 fois le son [a].

- Attention, en lisant un mot tu peux reconnaître une lettre, mais elle peut être prononcée de différentes manières.

– Tu vois la lettre a où tu entends [a].

Exemples :
un koala, un chat, une amie

– Tu vois la lettre a mais elle ne se prononce pas [a].

Exemples :
un enfant, blanc, le plaisir, chaud

Lecture

2 Les syllabes

Une syllabe est une lettre ou un groupe de lettres que l'on prononce en une seule fois.

Exemple :
Tu ouvres la bouche deux fois pour dire le mot « maman ».
Ce mot a deux syllabes.

- Tu peux compter le nombre de syllabes d'un mot en les prononçant lentement.

Exemple :
chou est un mot d'une syllabe.
ci tron est un mot de deux syllabes.
é pi nards est un mot de trois syllabes.

- Tu peux trouver la place d'une syllabe dans un mot en le décomposant lentement.

Exemple :
cho co lat
La **première** syllabe est cho.
La **deuxième** syllabe est co.
La **dernière** ou **troisième** syllabe est lat.

Lecture

3 Les lettres finales muettes

Une lettre finale muette est une lettre qui se trouve à la fin d'un mot et qui ne se prononce pas. On ne l'entend pas.

- Tu retrouves le plus souvent le -s, le -e, le -x, le -d, le -t et le -p en lettres finales muettes.

Exemples :
un lit, une rue, un drap, un crapaud

- Parfois tu peux trouver la lettre finale muette en cherchant des mots de la même famille.

Exemples :
Un grand garçon : tu n'entends pas le -d mais tu peux dire « une grande fille » donc « grand » prend un d.
Deux : tu n'entends pas le -x mais tu connais le mot « deuxième » donc « deux » prend un x.

Attention, cela ne fonctionne pas toujours.

- Tu dois apprendre certains mots par cœur pour savoir les écrire correctement.

Exemples :
une souris, un pont, le prix, un tronc

Grammaire

4 La phrase

Une phrase est une suite de mots qui a un sens.

- Les mots sont placés en ordre pour que nous puissions comprendre la phrase.

Exemples :

Je suis partie en vacances.
Nous allons au cinéma.

- Si tu utilises les mêmes mots dans le désordre, ce n'est plus une phrase. Ce groupe de mots ne veut plus rien dire.

Exemples :

Partie suis je vacances en.
Au allons cinéma nous.

5 La ponctuation

La ponctuation dans une phrase est importante.

- Une phrase commence toujours par une **majuscule**.
- Elle se termine par un **point**.

Exemple :

M ina et Tim sont en vacances à la ferme .

6 Les chiffres et les nombres

Pour écrire tous les nombres, on utilise 10 chiffres : 0, 1, 2, 3, 4, 5, 6, 7, 8, 9.

- Les nombres jusqu'à 9 sont composés d'un seul chiffre.

- Après, les nombres ont plusieurs chiffres. Par exemple :

– Nombres à 2 chiffres : **13**, **27**, **85**.

– Nombres à 3 chiffres : **100**, **738**.

– Nombres à 10 chiffres : **2 387 054 219**.

- **Pour écrire tous les nombres en lettres jusqu'à 100, il faut 23 mots :**

Zéro, **un**, **deux**, **trois**, **quatre**, **cinq**, **six**, **sept**, **huit**, **neuf**, **dix**, **onze**, **douze**, **treize**, **quatorze**, **quinze**, **seize**, **vingt**, **trente**, **quarante**, **cinquante**, **soixante**, **cent**.

- Les nombres servent à compter, à mesurer des quantités. Les nombres sont partout autour de toi.

Exemples :

Nombres

7 La valeur des chiffres

Pour compter plus facilement on fait des groupes de 10. Un paquet de 10 s'appelle une dizaine.

Exemples :

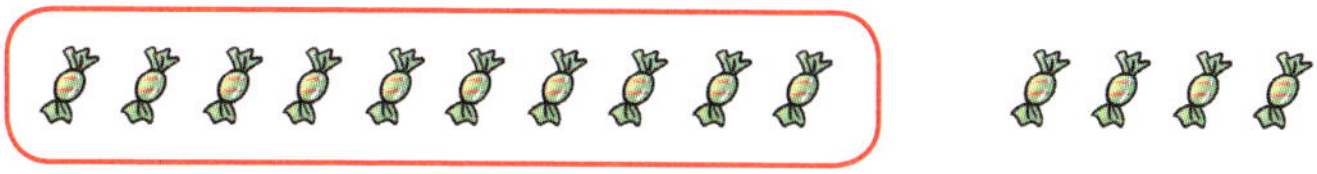

1 paquet de 10 bonbons + 4 bonbons seuls
= 14 bonbons
On dit **1 dizaine** et **4 unités**.

1 paquet de 10 images + 1 paquet de 10 images + 3
= 2 paquets de 10 images + 3 images seules
= 23 images
On dit **2 dizaines** et **3 unités**.

8 Le rangement de nombres

Tu peux écrire ou dire les nombres dans différents ordres :

– croissant, c'est-à-dire du plus petit au plus grand.

– décroissant, c'est-à-dire du plus grand au plus petit.

Exemples :

0, 1, 2, 3, 4 sont rangés dans l'ordre **croissant**.
4, 3, 2, 1, 0 sont rangés dans l'ordre **décroissant**.

Calcul

9 Compter de 5 en 5

Pour compter de 5 en 5, il faut ajouter 5 pour trouver le nombre suivant.

5 10 15 20 25 30 35 40 45 50

+ 5 + 5 + 5 + 5 + 5 + 5 + 5 + 5 + 5

10 Additionner des nombres

Il existe plusieurs manières d'additionner des nombres.

- **En ligne**

Exemple :

$24 + 3 = 27$

$40 + 40 = 80$

$56 + 32 = 50 + 30 + 6 + 2$

$= 80 + 8$

$= 88$

- **En colonnes**

Pour que le calcul soit plus facile, on peut écrire les nombres l'un au-dessus de l'autre.

Tu poses l'addition :

	4	6
+	2	7

d	u
4 + 2	6 7

Calcul

Tu additionnes les unités :

6 + 7 = 13

Tu retiens une dizaine :

$$\begin{array}{rr} {}^{1} & \\ 4 & 6 \\ +\,2 & 7 \\ \hline & 3 \end{array}$$

Tu additionnes les dizaines :

$$\begin{array}{rr} {}^{1} & \\ 4 & 6 \\ +\,2 & 7 \\ \hline 7 & 3 \end{array}$$

Géométrie

11 Les figures

- Une **figure** est le dessin d'une forme géométrique.
- Pour tracer une figure sur une feuille, essaie de faire un dessin propre et précis.
- Utilise ta règle pour faire des traits droits.

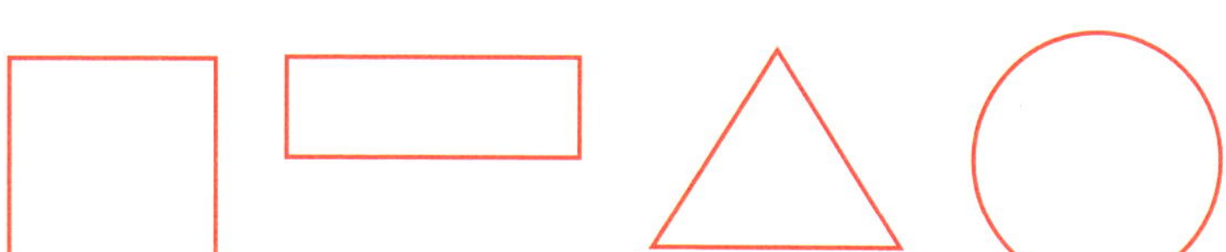

Le carré   Le rectangle   Le triangle   Le cercle

12 Le repérage dans l'espace

- Pour dire où se trouve un objet ou une personne, on utilise des mots précis comme :

devant, derrière, entre, sur, sous, à l'intérieur de, à l'extérieur de...

Exemples :

Le chien est **à l'extérieur de** la maison.

L'oiseau est **à l'intérieur du** nid.

Le chat est **sur** la fenêtre.

Les champignons sont **sous** l'arbre.

Paul est **devant** Julie.

Le vélo est **derrière** la voiture.

Maman est **entre** Paul et Julie.

Le temps qui passe

13 La famille

- Les grands-parents, les parents, les enfants, les oncles, les tantes, les cousins, les cousines sont le groupe des personnes qui forment la famille.

- Dans une famille, il y a **plusieurs générations**. Une génération est un groupe de personnes qui ont à peu près le même âge.
Par exemple, ton grand-père et ta grand-mère sont de la même génération.

- On peut représenter une famille par un **arbre généalogique**, sur lequel on voit facilement les différentes générations.

14 Les métiers

- Un métier est une occupation qui permet de gagner de l'argent. On dit aussi une profession.

- Il existe de nombreux métiers très différents les uns des autres :

– Des hommes fabriquent ou réparent des objets : le mécanicien, l'informaticien, la couturière.

– D'autres s'occupent des autres hommes : le médecin, l'infirmière, le professeur, le chirurgien...

– D'autres cultivent la terre : le cultivateur, le vigneron.

– D'autres élèvent ou attrapent des animaux : le pêcheur, l'éleveur, le berger.

Le monde du vivant

15 Le corps humain

Tu dois savoir nommer les différentes parties du corps humain.

Nina porte un  à son **cou**.

Elle a une très belle  au **doigt**.

Un  est accroché à son **poignet**.

Une  brille sur sa **tête**.

Des  sont accrochées à ses **oreilles**.

Le monde du vivant

16 La vie animale

- Les animaux sont des êtres vivants. Ils naissent, grandissent et meurent.

- Les **oiseaux**

Ils peuvent vivre sur terre (la poule), sur l'eau (le cygne) ou dans les airs (le corbeau, la pie). Ils ne se déplacent pas tous de la même façon. Certains savent marcher, courir, voler, plonger, nager... Ils ne se nourrissent pas tous de la même manière. Certains oiseaux attrapent leur nourriture dans l'eau. Le pélican mange des poissons. D'autres sur terre picorent des céréales, des vers de terre...

- **Comment reconnaître des oiseaux ?**

– Ils ont des plumes de différents coloris.
– Ils ont deux pattes et deux ailes.
– Ils pondent des œufs et les couvent.

Page-indices

Le voleur invisible

du CP au CE1

Note ci-dessous les indices que tu as trouvés au cours de ta lecture.

Va vite te connecter sur le site

www.lenigme.com

pour nous envoyer tes indices, et tu pourras télécharger plein de cadeaux !

INDICE 1 ....

INDICE 2 ....

INDICE 3 ....

INDICE 4 ....

INDICE 5 ....

Bravo ! Tu as trouvé tous les indices !

N° d'éditeur : 10219876 – IRILYS – Février 2016
Imprimé en Italie par BONA

L'ÉNIGME DES VACANCES

Choisis ton univers !

Historique · FANTASTIQUE · Policier · Aventure · FRISSON · Princesse · Sciences

du CP au CE1

- Le voleur invisible
- Sophia, princesse de la mer
- Le mystère de la source
- Disparition au pays des poneys

du CE1 au CE2

- La peur au bout de la laisse
- Mystère au cirque Alzared
- Attention ! Dauphins en danger
- Pas si désert que ça !
- Menace sur Madagascar
- Pirates en péril !
- L'attaque des monstres animaux — SCOOBY-DOO!

du CE2 au CM1

- Le labyrinthe des dragons
- Les fantômes de Glamorgan
- La plage du Prince Blanc
- Le phare de la peur
- Montagne explosive !
- Menaces sur la finale de foot
- Planète dinosaures
- La menace des fantômes — SCOOBY-DOO!

du CM1 au CM2

- Le voleur de papyrus — iPhone iPad
- Le secret de la jungle
- Le sortilège des loups-garous
- Parfum de vacances
- La carrière interdite
- Feu mystérieux en Australie
- Musiques diaboliques — SCOOBY-DOO!
- Drôles d'époques ! — 7 HISTOIRES

du CE2 au CM2

Les Mystérieuses Cités d'or

- T.1 Le secret du tambour sacré
- T.2 À la poursuite du Dragon Jaune
- T.3 Le ventre de Bouddha
- T.4 La révélation

du CM2 à la 6e

- Le trésor des Templiers
- Panique à la Pop Academy
- La forêt de l'épouvante
- À la recherche de la cité perdue — iPhone iPad
- Eaux troubles à Venise
- Drôles de familles ! — 7 HISTOIRES

de la 6e à la 5e

- Le secret du Titanic — iPhone iPad
- Drôle de trafic
- Complot chez les cordons-bleus
- The Refuge in Danger (en anglais)

de la 5e à la 4e

- Operation Blue Lagoon (en anglais)
- Chute mortelle au Mont-Saint-Michel — iPhone iPad
- The Captain is Missing! (en anglais)
- Le souffle de l'ange

de la 4e à la 3e

- Murder in West Park (en anglais)
- The Mark of the Vampire (en anglais) — iPhone iPad

Histoire à podcaster sur le site www.lenigme.com

iPhone iPad — Existe en applications pour iPhone et iPad. Disponible sur App Store.

Retrouve-nous sur le site : www.lenigme.com